Petit Motus et grands soucis

Enfant, **Hélène Suzzoni** inventait des contes et les partageait avec son entourage. Elle les chuchotait aussi aux animaux, aux plantes et aux pierres des montagnes corses. Adulte, elle s'est promenée, longuement, en Chine et au Japon, son chat sous le bras. À présent, Vévé, sa pigeonne, est la première à entendre ses histoires.

Du même auteur dans Bayard Poche :
La honte de Takao - Simon, l'ami de l'ombre (J'aime lire Plus)

Régis Faller est né en 1968 à Obernai. Il a suivi des études à l'École des arts décoratifs de Strasbourg. Aujourd'hui graphiste au magazine *Astrapi*, il garde du temps pour illustrer de nombreux ouvrages publiés aux éditions Nathan, Flammarion, Albin Michel et Bayard Jeunesse.

Du même illustrateur dans Bayard Poche :
L'Ours abandonné - Les farceurs (Mes premiers j'aime lire)
Qui a peur de Durugugu ? (J'aime lire)

Troisième édition

Dépôt légal : juin 2006
ISBN : 978-2-7470-1961-3
Loi du 16 juillet 1949 sur les publications destinées à la jeunesse.

Petit Motus et grands soucis

Une histoire écrite par Hélène Suzzoni
illustrée par Régis Faller

J'AIME LIRE
bayard poche

1

Je voudrais un animal

Ce matin, quand j'arrive à l'école, ma copine Sabéha remarque tout de suite mon air furieux :

– Hé ! Marine ! Tu en fais, une tête ! Qu'est-ce que tu as ?

J'enfonce les poings dans mes poches :

– J'en ai marre ! Je voudrais avoir un animal à moi, et maman ne veut pas. L'année dernière, elle a refusé un chaton qu'une voisine me proposait. Hier soir, ma cousine a appelé pour nous donner un lapin nain, et maman a encore dit non.

Sabéha me demande :

– Elle n'aime pas les animaux, ta mère ?

Je soupire :

– Si. Mais elle pense que, si j'en avais un, je ne m'en occuperais pas.

– Tu n'as qu'à lui prouver le contraire.

– Ah oui ? Et comment ?

Sabéha ne répond rien. Elle a du mal à se mettre à ma place : ses parents ont déjà accepté un chien, un chat, un caméléon et un couple de perruches !

Comme chaque soir en revenant de l'école, je m'arrête devant l'animalerie, à l'angle de notre rue. Il y a des lapins nains, des hamsters, des petits chiens…

J'aperçois aussi une adorable boule de fourrure. Elle est recroquevillée au fond de sa cage et elle m'observe de ses yeux brillants.

Je reste à la contempler à travers la vitrine.

Le marchand finit par sortir du magasin :

– Je te vois souvent venir ici. Tu as l'air d'aimer les bêtes...

Il m'examine par-dessus ses lunettes :

– C'est mon campagnol qui t'intéresse autant ? C'est un petit rat des champs, un animal facile à nourrir, très doux. Les gens en achètent de plus en plus.

Comme s'il avait compris, le campagnol se redresse sur ses minuscules pattes roses et tourne son museau vers moi. Je dis :

– Il est drôlement mignon !

Le marchand hoche la tête :

– On dirait qu'il t'a adoptée ! Écoute, si tu achètes ce campagnol, je te fais cadeau de sa boîte. Ça te coûtera neuf euros en tout, au lieu de dix. Je sais qu'avec toi il sera heureux ! Enfin, si tes parents sont d'accord...

Neuf euros ! J'ai dix euros à la maison. En petites pièces dans ma tirelire. Mon cœur se met à battre plus vite.

Si seulement maman me faisait confiance... Comment lui prouver que je peux m'occuper d'un animal ? Tout à coup, ma décision est prise : je vais apporter le campagnol à la maison et montrer à maman que je suis capable de m'occuper de lui, jour après jour.

Je dis au marchand :

– Mes parents seront d'accord ! Je vais chercher l'argent, et je reviens.

Je file aussitôt. Je sais que maman n'est pas encore rentrée de son travail. Dix minutes plus tard, je suis de retour, tout essoufflée. Le marchand me félicite :

– Tu ne le regretteras pas, ma petite.

Comme dans un rêve, je le regarde saisir le campagnol. Il le glisse dans une boîte en bois.

Le marchand m'explique :

– Tu vois, la boîte a un grillage. Là, en haut, c'est le couvercle. N'oublie pas de mettre le petit crochet, sinon le campagnol pourrait se sauver. Mais, chez toi, laisse-le gambader. Il a besoin de bouger.

– Et qu'est-ce qu'il mange ?

– Des graines, du pain dur, des biscuits, répond le marchand. Et pense à lui donner de l'eau.

Je sors avec mon campagnol dans sa cage. J'ai envie de crier, de sauter, de m'envoler !

2
Motus et bouche cousue

Une fois dans ma chambre, je murmure à mon campagnol :

– Je vais te cacher ici. Tu es si petit ! Dans quelques jours, je te montrerai à maman. Elle verra que je me suis bien occupée de toi, et ce sera la preuve que je peux te garder !

Après le dîner, je retourne dans ma chambre. Le campagnol gigote dans sa cage. Je le laisse sortir et fureter partout.

Il pointe vers moi son petit museau, remue les oreilles. Je lui tends un biscuit :

– C'est pour toi. N'aie pas peur...

Il s'approche, et commence à grignoter. J'en profite pour le caresser du bout des doigts :

– Je t'appellerai Motus, parce qu'on dit « Motus et bouche cousue » pour garder un secret. Et toi, tu es mon secret !

Le lendemain matin, il n'y a pas école. Quand je me réveille, je vois que la porte de ma chambre est entrouverte. Et, soudain, je me rappelle : Motus m'a réveillée en pleine nuit. Il couinait et voulait sortir de sa cage. Je me suis levée pour le libérer. Mais je me suis rendormie pendant qu'il se promenait...

Je me précipite dans le salon. Maman est penchée sur ses plantes vertes. Elle demande :

– Marine, tu n'aurais pas ramené des escargots, par hasard ? Plusieurs feuilles ont été rongées.

Je prends l'air offensé :

– Des escargots ? Sûrement pas !

– Pardon... C'était juste une question. Bon ! Je vais à la cuisine.

Aussitôt seule, j'inspecte tous les recoins du salon. Mais pas de Motus en vue !

Soudain, j'entends un cri d'horreur. C'est maman. Je cours à la cuisine.

On dirait qu'un mini cyclone est passé par là !

Un sac de farine est tombé de l'étagère et s'est renversé sur la table.

Le paquet de biscottes est éventré. Et, sur l'évier, je vois l'éponge toute déchiquetée.

La bouteille d'huile a perdu son bouchon et glougloute par terre.

Au milieu de tout cela, maman fixe quelque chose d'un air égaré. Je tourne la tête :

– Motus ! Oh non !

Motus dresse son museau hors du sucrier. Ses moustaches sont blanches de sucre et de farine.

maman demande d'une voix coupante :

– Marine ! C'est toi qui as ramené ce RAT à la maison ?

3
Ça ne s'arrange pas...

Je prends Motus contre moi, et je fais face à maman :

– Ce n'est pas un rat. C'est un campagnol !

Maman réplique sèchement :

– C'est un rat ! Enfin, Marine, tu as perdu la tête ? Cette bête est peut-être pleine de puces ! Dis-moi où tu l'as trouvée !

Je ne veux pas pleurer, mais ma voix tremble :
– Je l'ai acheté à l'animalerie. Je t'en prie, laisse-moi le garder ! Je te promets de m'occuper de lui. Je le surveillerai bien ! Et il est très propre !

Mon campagnol choisit cet instant pour faire une petite crotte.

Maman est en colère :
– Il n'est pas question de garder cet animal ! D'ailleurs, c'est une honte de vendre des rats à des enfants ! Je le rapporte à la boutique dès cet après-midi.

Je serre Motus dans mes bras :

– Non ! Il est à moi !

Maman riposte :

– Ne discute pas ! Enferme ce rat, et aide-moi à faire le ménage !

Les joues en feu, je remets Motus dans sa cage. Puis je commence à ramasser les bouts de biscottes pendant que maman éponge l'huile et la farine.

Une fois la cuisine nettoyée, j'essaie à nouveau de convaincre maman :

– S'il te plaît, fais-moi confiance...

Mais maman m'interrompt brutalement :

– Te faire confiance ? Après ce qui est arrivé ? Non, la discussion est finie ! Laisse-moi préparer le petit déjeuner.

Je cours à ma chambre et je me penche vers Motus :

– Qu'est-ce qui t'a pris de te sauver cette nuit ? On est bien avancés, maintenant ! En tout cas, pas question de te rapporter chez le marchand.

Mon campagnol se pelotonne dans le creux de ma main. Je murmure :

– Tu n'aimes pas être enfermé, hein ?

Je contemple sa cage et, soudain, une idée me vient :

– Je sais ! Je vais te cacher chez Sabéha. Je dirai à maman que tu t'es sauvé !

Je m'habille à toute vitesse et, hop ! je dévale l'escalier. Je tiens Motus contre mon cœur.

Me voilà devant la maison de Sabéha. Les volets sont fermés. Je sonne, je tambourine à la porte. Personne ! Ils sont partis en week-end. J’avais complètement oublié ! Sabéha me l’avait dit, pourtant.

Qu’est-ce que je vais bien pouvoir faire ? Il faut absolument que je trouve une cachette pour Motus.

4
Campagnol en danger

Je marche au hasard. Dans ma main, Motus ne cesse de couiner et de se tortiller.

– Chut, Motus ! Tiens-toi tranquille. Je te cherche une cachette...

Un miaulement éclate dans mon dos. Je me retourne. Un gros matou me suit. Ses yeux jaunes fixent Motus. Il a un air qui ne me plaît pas du tout.

– Va-t'en ! Allez ! Ouste !

Mais je ne peux pas faire grand-chose pour le chasser. Dans mes mains, Motus se débat : lui aussi a aperçu le chat. Je presse le pas. L'affreux matou me suit toujours, et ses yeux étincellent comme de la braise. De temps en temps, je me retourne pour lui crier des menaces. Impossible de le décourager !

Sans m'en rendre compte, j'ai repris le chemin de la maison. Je m'engouffre dans notre immeuble et me rue vers l'escalier.

Je monte les marches en trébuchant, puis je me penche par-dessus la rampe. Je ne vois plus le chat, mais je suis sûre qu'il est là. Motus panique et se tortille toujours entre mes doigts.

Je hurle :

– Fiche le camp, le chat ! Laisse-nous tranquilles !

Je tends l'oreille. Aucun bruit. Le chat doit se rapprocher tout doucement.

Pour lui faire peur, je continue à monter l'escalier en tapant des pieds sur les marches.

Au troisième étage, une porte s'ouvre. Notre voisine de dessous, Mme Tornu, bondit sur le palier, un balai à la main :

– Ce n'est pas un peu fini, ce raffut ! En voilà, des façons de monter les escaliers !

Je sursaute. Motus profite de ma surprise pour s'échapper et filer chez la voisine ! Mme Tornu le regarde passer avec des yeux écarquillés.

Puis elle se précipite à sa poursuite :

– Un rat ! Un rat chez moi !

Je cours derrière elle :

– Non ! Ne lui faites pas de mal ! Arrêtez ! C'est mon campagnol !

La voix de maman résonne dans l'escalier :

– Mme Tornu ? Ma fille est chez vous ? Marine ? Tu es là ?

Maman a jeté une veste sur ses épaules et tient ses clés à la main. Elle s'exclame :

– Marine, je t'ai cherchée partout ! Qu'est-ce que tu...

Elle s'interrompt en nous voyant, Mme Tornu et moi, cramponnées au manche du balai. Mme Tornu lui lance :

– Ah ! Vous arrivez bien ! Vous saviez que votre fille élevait des rats ? Elle va infester tout l'immeuble ! Regardez ! Il y en a déjà un chez moi !

Mes yeux s'emplissent de larmes. Je dis d'une voix tremblante :

– Maman ! Ce n'est pas vrai ! Mme Tornu veut faire du mal à Motus ! Et un chat a voulu le manger !

Motus est blotti dans un coin. Je l'attrape doucement. Tout son petit corps tremble dans mes mains, et je crois bien que je tremble autant que lui.

J'éclate en sanglots. Maman m'entraîne vers la sortie en me serrant contre elle :

– Ma chérie ! C'est fini ! On rentre à la maison.

Mme Tornu proteste :

– Vous n'allez quand même pas laisser votre fille garder cette bestiole ! C'est malsain, de s'attacher à un rat !

Maman lui jette un regard noir en partant :

– Ce n'est pas un rat, madame Tornu. C'est un campagnol !

Dans l'escalier, madame Tornu menace :

– Je vais appeler le service de dératisation !

Maman me fait entrer chez nous. Mais avant de fermer la porte, elle réplique :

– Et moi, j'appellerai la SPA !

5
Le marché

Maman et moi, nous avons eu une longue discussion. Elle a proposé :

– Écoute, on va faire un marché. Si tu t'occupes bien de ton campagnol pendant deux semaines, il pourra rester à la maison. Tu es d'accord ?

– D'accord !

J'étais folle de joie !

Mais je me suis aperçue que ce n'était pas si facile de tenir ma promesse. Un campagnol, ce n'est pas une poupée. Lui, il doit manger tous les jours ! Et puis, il faut renouveler son eau, et nettoyer sa cage.

Sabéha m'a apporté un grand aquarium qui ne lui sert plus. On l'a empli à moitié de terre. On y a ajouté des feuilles, de la mousse. J'ai même essayé d'y planter de l'herbe à chat. Mais elle n'arrive pas à pousser parce que Motus grignote les racines. Il passe son temps à creuser des terriers.

Sabéha et moi, on éclate de rire quand on le voit ressortir, son petit museau plein de terre, pour regarder autour de lui. J'aime bien aussi quand il vient se nicher dans ma main. Dans ces moments-là, je n'ai plus envie de le partager avec Sabéha. C'est si doux de l'avoir à moi, de pouvoir le caresser doucement, du bout des doigts.

La nuit, je l'entends qui s'agite dans son aquarium. Ses pattes minuscules griffent les parois de verre. Puis il se met à fouiller la terre. Je lui souffle de mon lit :

– Hé, Motus, c'est l'heure de se coucher !

Mais je suis toujours la première à m'endormir.

6
Rat des champs…

Depuis quelques jours, Motus boude ses repas. J'en ai parlé à Sabéha, qui a répondu :

– Il a peut-être besoin de manger autre chose !

Maman m'a conseillé :

– Place des lentilles sur du coton mouillé et attends qu'elles germent. Ton campagnol sera content de croquer des pousses vertes.

Maintenant, j'ai une pleine boîte de pousses en train de grandir. Motus y goûte, mais ça n'a pas l'air de lui plaire. Je ne sais plus quoi lui donner pour réveiller son appétit. Je m'inquiète. Il a l'œil moins vif, le poil moins brillant. Maman réfléchit :

– Voyons… Motus est là depuis presque deux semaines. Il a peut-être besoin de l'air de la campagne. Ce week-end, on va aller chez Papi et Mamie. Ça lui fera du bien, et à nous aussi !

Papi et Mamie sont un peu surpris quand on leur présente Motus. Papi remarque :

– Un petit rat des champs, ce n’est pas fait pour les villes…

Mamie fronce le nez :

– Dans ma jeunesse, on préférait les chats !

Mais Motus paraît content.

Pour qu'il ne s'échappe pas quand je le sors de sa cage, je lui ai fabriqué un petit harnais terminé par une ficelle. J'attache l'extrémité de la ficelle à un arbre du jardin et je m'installe à côté de lui.

Très vite, Motus a l'air en pleine forme ! Il a les yeux qui brillent, et ses moustaches n'arrêtent pas de frémir.

Il se faufile dans les herbes, fouille la terre, se prélasse sous les feuilles et les brindilles. Il ne fait plus du tout attention à moi, il est trop occupé à flairer mille odeurs, à ronger un bout de bois ou à tendre son museau vers le ciel.

Papi vient l'observer, et il hoche la tête :

– Pauvre petite bête ! Elle a besoin de liberté !

J'ai un pincement au cœur. Tout au fond de moi, je sais que Papi a raison. Motus est si heureux à la campagne ! Mais je ne veux pas me séparer de lui…

7
Un choix difficile

C'est la fin du week-end. J'aide maman à charger les bagages dans la voiture. Elle me dit :

– Marine, va vite chercher Motus. On part dans cinq minutes.

Je cours au jardin. J'ai laissé Motus près de son arbre. Il tire de toutes ses forces sur la ficelle. Je m'accroupis à côté de lui :

– Motus, arrête, tu vas te faire mal ! Qu'est-ce qui te prend ?

Il continue à griffer le sol de ses pattes. Tout près, sous un buisson, j'aperçois deux petits yeux qui nous fixent. Deux petits yeux pareils à ceux de Motus. Je murmure :

– C'est un copain à toi ?

Motus lance un couinement qui me brise le cœur. Je cache ma tête entre mes bras. Je voudrais arrêter de penser, mais je ne peux pas.

Alors, je commence lentement à défaire le harnais. Motus a compris. Il ne bouge plus. Je dégage ses pattes une à une. Il me regarde. Son petit corps frissonne. Je l'embrasse une dernière fois entre les oreilles. Et j'ouvre les mains :

– Adieu, Motus, ne m'oublie pas…

La tête basse, je reviens vers maman. Papi et Mamie sont là aussi. Maman s'étonne :

– Où est Motus ?

Je réponds d'une toute petite voix :

– Un de ses copains est venu le chercher. Alors… voilà… Je l'ai libéré.

Et, tout à coup, les larmes coulent sur mes joues parce que mon cœur déborde de chagrin.

Maman me serre contre elle :

– Oh, ma petite fille ! Ma généreuse ! Ma courageuse !

J'entends Papi répéter, tout ému :

– C'est drôlement bien, ce que tu as fait, Marine ! C'est drôlement bien !

Mamie dit soudain :

– Ça me fait penser... Les voisins ont des chatons à donner. On pourrait y aller avant que vous partiez ? Qu'en dites-vous ?

Maman me sourit et dit doucement :

– Ça me paraît une très bonne idée !

Achevé d'imprimer en juin 2009 par Pollina - L50944A
Imprimé en France